Sharq Qalamkashlari

Khudayberganova Mekhriniso

© Khudayberganova Mekhriniso
Sharq Qalamkashlari
by: Khudayberganova Mekhriniso
Edition: June '2024
Publisher:
Taemeer Publications LLC (Michigan, USA / Hyderabad, India)

© **Khudayberganova Mekhriniso**

Book	:	**Sharq Qalamkashlari**
Author	:	Khudayberganova Mekhriniso
Publisher	:	Taemeer Publications
Year	:	'2024
Pages	:	90
Title Design	:	*Taemeer Web Design*

Sa'dullayeva Zuhra

1991-yil 26-aprelda Qoraqalpog'iston Respublikasi Ellikqal'a Tumani Sarabiy qishlog'ida tug'ilgan. Bo'ston akademik litseyining Xorijiy tillar yo'nalishida o'qishni davom ettirdi.2010-yilda litseyni tugatgandan keyin, Qoraqalpog'iston Davlat Universitetini Xorijiy tillar fakultetining Ingliz tili yo'nalishiga o'qishga qabul qilindi. 2014-yilda o'qishni tugatib Ellikqal'a tumanidagi 8-sonli maktabda ingliz tili fanidan o'qituvchi sifatida ish faoliyatini boshladi

SOG'INCH

Kuzning xazoniday yuragim vayron.

Tushinmay o'zimga bo'laman hayron.

Hayol ummoniga cho'kaman goho.

Bilmayman azizim sizni sog'indimmi-yo.

Nega buncha baxtsizman baxtning ichida.

Goho shodman , kulaman sevgi kuchida.

Atrofda do'stlar ko'p lekin men yolg'iz.

Sizsiz yashab urmoqqa bu yurak ojiz.

Yo'llar ko'p uzun, ba'zisi qisqa.

Nega taqdir kulib boqmadi bizga.

Bir yo'ldan ketyapman yuzda tabassum.

Lek ko'zda yosh yurak yig'laydi yum yum.

Telbaman telbalar teng kelolmaydi.

Sevmaganlar holimni hech bilolmaydi.

Netamiz ko'namiz bu dunyo bir kam.

Yoki rostdan sizni sog'indimmikan

Tushimga kirasiz azizim tez tez.

Goho ko'ngilga to'lganida g'am.

Uzoqda ekanligiz qilganda alam.

Hijrondan ko'zlarim tortganida nam.

Sizni yuragim sog'ingani kez.

Tushimga kirasiz azizim tez tez.

Baxtliday ko'rinib baxtliman deyman.

Aslida nolali aytilgan kuyman.

Qayg'u g'amga to'la koshona uyman.

Oh sevgi, mayliga yuragimni ez.

Tushimga kirasiz azizim tez tez.

Boshimga kulfatlar yog'ilgan chog'im.

Yomonlar yanchsalar gul ko'ngil bog'im.

O'chganda oxirgi umid chirog'im.

Mangu ayriliqda qolsak ikkimiz.

Tushimga kirasiz azizim tez tez.

NUSRATILLAYEVA FARANGIZ

2010-yil 22-yanvarda Buxoro viloyati G'ijduvon shahrida tug'ilgan. Hozirda Navoiy viloyati Uchquduq tumanida Xalqlar Do'stligi ko'chasida yashaydi va Uchquduq tuman 7-MFCHO'IDUMning 7-"D" sinf o'quvchisi.She'r yozishni 3-sinfdan boshlagan. She'rlari 18--maktab gazetasida, respublika jurnalida va tuman bo'yicha chop etilgan "Seni kuylayman Vatan" kitobida ham chiqqan.

SERQUYOSH UCHQUDUQ

Oltinga boy zo'r makon,

Quchog'ingda yayrayman
Mening uchun jonajon,
Uchquduqni o'ylayman

Bag'ringda nafas olib,
Yashayapmiz yosh avlod.
Qalbimizda mehrizmiz,
Bitmas tuganmas nahot.

Ko'rklaringga ko'rk berib,
"Oltin ko'l" ham qurildi.
Yo'llaring ta'mirlanib,
Yangi shahar qilindi.

Hokim bobom bor bo'lsin,
Har lahzada biz bilan.
El koriga yaraydi
Uchquduqni o'ylaydi.

Qayga ketsam shoshaman,

Taftingni sog'inaman.

Seni issiq bag'ringni

Alishmasman aslo man.

O'zbekiston boyligi,

Oltin to'la konligi.

Ozod elning dilbandi,

Men Uchquduq farzandi!

Farovon Uchqudug'im,

Osmonlari musaffo.

Chiroyingga maftunman,

Jonim senga marhabo.

Ozod va hur vatanning,

Bir boʻlagi oʻzingsan.

Olis olis choʻllarda,

Qad koʻtargan oʻzingsan.

Zavodlaring tinmaydi,

Yurt koriga yaraydi.

Yurtboshimiz ishonchin

NKMK oqlaydi.

Yuragim joʻshib yonib,

Sheʼr yozdim senga bugun.

Nomingni Uchqudugʻim,

Mashhur qilaman oʻzim

yoki

Kuyga solaman oʻzim.

NE'MATJONOVA NARGIZA

Namangan viloyat Norin tumani 9-sonli umumiy o'rta ta'lim maktabining 9- sinf o'quvchisi. Bolaligidan adabiyotni sevib asarlar mutola qila boshlagan. Hozirda o'z ijod na'munalarini bilan tengdoshlariga ham ulashishni niyyat qilgan.

QUSHCHALAR

Chug'ur – chug'ur, chug'urlab,

Uchasiz siz qushchalar ,

Shoxdan shoxga sakrashib ,

Gaplashasiz shunchalar.

Tilingizni bilmadim,

Dilingizni bilmadim.

Balki men haqimda siz,

Gaplasharsiz bilmadim.

Lekin aniq bilmadim,

Hur o'lkada uchasiz.

Ozod vatanim deya,

Yulduzlarni quchasiz.

KITOB

Ma'rifat davrida kelganda kitob,

Mohiyatin bilmagan qilardi xitob.

Bilimni qoralab inson ongini,

Ajdodlar ruhini kuydirdi simob.

Mahmudxo'ja chiqdi davraga bardam,

Unga yo'ldosh bo'ldi Cho'lpon, To'ralar.

Qodiriy,Usmon-u Munavvar Qori,

Mustabit tuzumni qoralar bari.

Jadidlar orzusi bo'lib sarbaland ,

Mustaqil yurt deya nomlandi Vatan.

Avloniy bobomiz orzusi ro'yob,

Ovrupa elida o'qidi yoshlar.

Bilim chashmalari to'lib mavjlandi,

Jadidlar me'rosi dengizdagi dur.

Marjondek terildi nodir kitoblar,

Kitobga oshufta bo'ldi ong ,shuur.

MURATXO'JAYEVA XAMIDAXON

1977-yilda Namangan viloyati Chust tumanidagi G'ova qishlog'ida tug'ilgan. 2000-2005-yilda Muqimiy nomidagi Qo'qon davlat pedagogika institutining o'zbek tili va adabiyoti fakultetida o'qigan. Hozirda Chust tumani G'ova qishlog'idagi 72-maktabda ona tili va adabiyot fanidan dars berib kelmoqda.

ONAJONIM, SIZNI ESLASAM...

Ko'zlarimdan yoshlar to'kilar

Onajonim,sizni eslasam.

Yurakkinam choki so'kilar,

Mehribonim,sizni eslasam.

To'kkanimda gohida ko'z yosh

Tilardingiz sabr ila bardosh.

Edingiz-ku eng yaqin sirdosh,

Munisginam,sizni eslasam.

Bo'lolsaydim sizdayin xushfe'l
Ezgu ishga bog'ladingiz bel.
Hojatbaror deya eslar el,
Hokisorim,sizni eslasam.

Taqdir ekan beshafqat o'yin,

Afsus,bir kun o'lmoqlik tayin.
Ammo sizsiz yashamoq qiyin,
Onajonim,sizni eslasam.

Bu ko'kdan bir yulduz uchdi
Osmonlarni ruhingiz quchdi.
Sog'inchlarim satrga ko'chdi,
Oy yuzligim,sizni eslasam.

Suratingiz silayman asta
Ko'ngil to'lib ketar birpasda
Sizsiz ko'ngil yarim,dil xasta,
Mushfiqginam,sizni eslasam.

O'ksik edim,axir otamsiz
Endi qanday yashay onamsiz.
Inson bormi dunyoda g'amsiz?!
Suyuklgim,sizni eslasam.

Gul berdim deb tutarkan tikon
Har bir ishga topilmas imkon
Unutmaymiz sizni hech qachon
Onajonim, sizni eslasam.

O'zingizni o'ylamabsiz hech

Dard yengganda afsus bildik kech
Ilojini qilolmadik hech,
Mehribonim, sizni eslasam.

Yetti farzand,yetti nom qoldi
Diydor endi Mahsharga qoldi.
Yuragimda dard,alam qoldi,
Intizorim,sizni eslasam.

Tushlarimda bo'lib namoyon
Bizlarga baxt tilaysiz har on
Unutmaymiz sizni,Onajon,
Mehribonim,sizni eslasam...

TURG'UNOVA ODINA

Namangan viloyat Norin tumani 9- sonli umumiy o'rta ta'lim maktabining 8- sinf o'quvchisi.

ZAMONDOSHIM

Ba'zan chuqur xayolga botsam,

Izingizni izlasam topsam.

Goho borligingiz unutsam,

Mendan xafa bo'lmang, aziz sirdoshim.

Baxtimga sog' bo'ling, mening dildoshim,

Ba'zida xoyolga ko'milib ketsam.

Xayollar og'ushida kimsasiz suzsam,

Goho borligingiz unutsam.

Mendan xafa bo'lmang, aziz sirdoshim,

Baxtimga sog' bo'ling, ey zamondoshim.

ONA

Mehri daryo farishtam mening,

Siz men uchun yakka yagona.

Duogoyim, sarishtam mening,

Sizni yaxshi ko'raman, Ona!

Yuzi nurli gul chiroyligim,

Qayta topib bo'lmas boyligim.

Qiblagohim, jannat poyligim

Sizni yaxshi ko'raman, Ona!

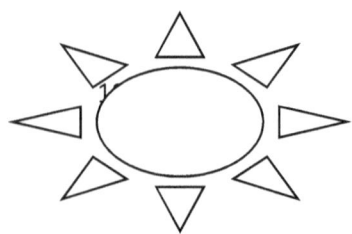

KOMILOV ODOMBOY

1993 yil 5- nayabrda Xoramz viloyatida tug'ilganman O'rta maxsus Kollejida Xuquqshunos fakultetida o'qigan. 6 yil nonvoychilik kasbida ishlagan .Oxirgi 3 yillikda temirchilik kasbida ishlab kelmoqda. Bo'sh vaqtlarida she'r yozib turadi

VATAN SO'ZI

Samimiy so'zlashib ko'ngil yozali.

Shirin so'z betakror mozali.

Qalbimizni butunlay tozali.

Vatan so'zini yurakdan aytib.

Kindik qonimiz to'kilgan vatan.

Tuprog'ing bo'ladi issiq tan.

Iymonim vijdonim xam sen .

Vatan ismingni yurakdan aytaman..

Ajdodlar qoni senda.
Shahidlar qoni senda.
Xalqimni sevgani senda.
Vatan ismingni yurakdan aytamiz.

Ota onam xam o'zing.
Aka singlim xam o'zing.
Yurakdan chiqar so'zing.
Vatan ismingni yurakdan aytamiz.

Vatan siz odam bo'lmas.
Bevatanni odam deb bo'lmas.
Vatan tuyg'usi o'chib qolmas.
Vatan ismingni yurakdan aytaman.

Vatan tuyg'usi tinch qo'ymas.

Kecha kunduz uyqu kelmas.

Vatan seni sevamay bo'lmas.

Vatan ismingni yurakdan aytaman.

Jonim vatanim meni deya,

Tuproqda bo'ldilar mayda.

Ruxi uchib o'zlari yerda.

Vatan so'zini o'lguncha aytar.

BAXODIR MAMARASULOV

1995-yil 19-fevralda Surxondaryo viloyati, Jatqo'rg'on tumanida tug'ilgan. 2018-2022 yillarda Termiz davlat universitetining "Xorijiy tillar: ingliz tili va adabiyoti" yo'nalishida o'qidi. Mazkur o'qishi davomida universitet gazetasida vatan haqidagi to'rtliklari chop etildi. Hozirda Jarqo'rg'on tumanining 29-maktabida ingliz tili o'qituvchisi sifatida faoliyat olib bormoqda

DADAJONIMNING XOTIRASIGA BAG'ISHLANADI

Yo rab nurab ketdi suyangan tog'im,

Xazonga aylandi gul ko'ngil bog'im,

Tashlab ketdi meni pushti panohim,

Dargohida qabul qilsin Allohim,

Joylari jannatdan bo'lsin ilohim.

Onamning yo'qligin bildirmas edi,

Birovga xafa ham qildirmas edi,

Boshimga baloni keltirmas edi,

Dargohida qabul qilsin Allohim,

Joylari jannatdan bo'lsin ilohim.

Hayallasam mendan olib xavotir,

Qo'ng'iroq qilardi, so'rardi "Hozir,

Qaydasan? Tinchmisan o'g'lim Baxodir?"

Dargohida qabul qilsin Allohim,

Joylari jannatdan bo'lsin ilohim.

Kenja farzandim deb ko'p suyar edi,

Shodligim-chun yelib, yugurar edi,

Kelajagim o'ylab kuyunar edi,

Dargohida qabul qilsin Allohim,

Joylari jannatdan bo'lsin ilohim.

Gunohlarin afv et, sarob et Egam,

Kavsar suvlaridan serob et Egam,

Shohistayi jannat joyin et Egam,

Dargohida qabul qilsin Allohim,

Joylari jannatdan bo'lsin ilohim.

KARIMOVA MUHAYYO

1972-yil 6-mart kuni Piskent tumani Muratali qishlog'ida tavallud topgan. Hozirgi kunda 23maktabning boshlang'ich sinf òqtituvchisi. 2017-yilda "Duo asrar" nomli she'riy to'plami nashr etilgan.

"O'TKAN KUNLAR" NI ESLAN...

G'amdan ado bo'lgan yurak so'zlaydi,

So'zlashga mador yo'q - unsiz yig'laydi,

"Alvido" degan so'z bag'rin tig'laydi,

Siz o'sha, o'shamu, Otabekmisiz?

Kumushin yo'qotgan o'sha bekmisiz?

Zaynabning sevgisi bo'lsa, bor edi,

Kumushsiz Otabekka dunyo tor edi.

Ikki o't orasida sevgi xor edi,

Siz o'sha, o'shamu, Otabekmisiz?

Kumushin yo'qotgan o'sha bekmisiz?

"O'rtar" kuyi yurakrni hamon o'rtaydi,

Mashshoq tanbur torin bazo'r chertadi,

Kumush qismatidan dardim ortadi,

Siz o'sha, o'shamu, Otabekmisiz?

Kumushin yo'qotgan o'sha bekmisiz?

Suymagan sevgisi bag'rida qolgan,

Suygan muhabbati qabrda qolgan,

Jism-u tan ishq aro izsiz yo'qolgan,

Siz o'sha, o'shamu, Otabekmisiz?

Kumushin yo'qotgan o'sha bekmisiz?

YOSHLAR QO'SHIG'I

Vatan, mehringni sezib, Yashagaymiz har nafas.

Kelajakka bo'ylasak,

Baxtimiz chorlagaydir.

Tarixing qadri buyuk,

O'tmishing unut bo'lmas,

Ajdodlar tafakkuri

Nur bo'lib porlagaydir.

Naqarot:

Biz senga suyangaymiz, Suyanchimizsan, Vatan!

Ishonching oqlagaymiz,

Bizga ishongin, Vatan!

Bu jahon maydonida

Endi o'z o'rnimiz bor,

Ishonch va imkon uchun

Minnatdor yoshlaringmiz.

Har sohada eng ilg'or,

Shijoatli, shiddatkor,

Yurtim, senga fidoiy,

Asl farzandlaringmiz.

Naqarot

OTAMURODOVA GULCHEHRA

2007-yil 18-fevralda Navoiy viloyati Qiziltepa tumani Boʻston mahallasida tavallud topgan. Hozirda maktabda 10-sinfda oʻqiydi. U bir nechta IT xalqaro sertifikatlar sohibasi va bundan tashqari u "Zulfiyaxonim" mukofoti nomzodi.

QO'RQMA

Insonlar falakda yaratilib, yerga tushirilgan bir ojiz banda ekan, demak, ular hech narsani oldindan biliwmaydi. Ertangi kunimiz faqatgina Alloh uchun ayondir. Shunday ekan,men hozir insonlar ichidagi qo'rquvlar haqida maqola yozmoqchiman. Odamlar nimalardan qörqishadi? Ular har xil sirlari fosh bo'lishidan, insonlarga, jonzotlarga va o'z boshimchalik bilan qilayotgan amallari ustidan bo'ladi.Inson nega qörqadi. Chunki insonda o'ziga nisbatan ishonchi yo'q. Men o'zimga ishonaman, deydiganlar qörqishsa, demak, ular o'zlarini özimga ishonaman deb, aldashgan va shu yolg'onga ishonib qolishgan. Bir marta qo'rqdingizmi, ikkinchi marta bu qo'rquv kattalashadi. Oxir oqibat hech narsa qölidan kelmaydigan og'zidan bir gap chiqmaydigan qo'rqoqqa aylanasiz. Ichingizdan zil kecha boshlaydi. Odamlar katta muvaffaqiyatga erishayotgan bir paytda siz qoloqqa aylanasiz. Kundan-kunga odamlar zamonni o'zgartirib borishyapti, zamon ham shiddat bilan rivojlanib boryapti. Unga malakali, o'zida ishonchi bor, mard,bilimli ertasini o'ylaydigan, yurtini jahon arenasida olib chiqadigan kadirlar kerak. Har bir insonning ichida yana meni bo'ladi.

Shu men sizni har ko'yga soladi va qo'rquvingizga sababchi bo'ladi. Uni boshqarish kerak. O'sha menni tashqaridagi asl menlikka olib chiqa olish lozim. Bu haqiqiy jasorat böladi menimcha. Doimo haqiqatni aytish ham bir mardlikdan dalolatdir.Hech qachon yolgʻon gapirmang. Sababi bu iymonsizlik va o'zidagi ishonchining yoʻqligidir. Aslida yolg'on qoʻrquvning bir turi.

Ichingizda qo'rquv bilan yashamang. Shunday bo'lingki, hamma sizni körsa zirqirasin. Ammo achinmasin. Kimdir sizga achinishiga loyiq emassiz. Lider bo'ling va ruhingiz ko'tara oladigan,yuragingiz quloq sola oladigan ish bilan shug'ullaning.

TURABOYEVA SHAXNOZAXON

Andijon viloyati Paxtaobod tumani 7-umumiy o'rta ta'lim maktabining Boshlang'ich sinf o'qituvchisi.

Boshlang'ich sinflarga tehnalogiya darsida origami usulda rangli qog'ozlardan turli buyumlar yasash

Maqsadi: Origami - bu ajoyib san'at! Bir varaqni chiroyli tarzda katlay olish qobiliyati qadimgi davrlarda paydo bo'lgan. An'anaga ko'ra, qadimgi

Xitoy bu san'at va hunarmandchilikning vatani hisoblanadi. Ehtimol, bu xulosaning asosiy sababi uning bevosita Xitoyda ixtiro qilinganligidir. Shunday qilib, ushbu maqolamizda boshlang'ich sinflarga tehnalogiya darslarida origami usulda rangli qog'ozlardan turli buyumlar yasash haqida to`xtalib o`tamiz.

: mehnat darslari, rangli qog`oz, gazlama, origami, va yelim, konstruktor.

Bugun millat ham, mamlakat ham Respublika ta`lim tizimida ma`naviy barkamol avlodni tarbiyalab berishni talab qilmoqda. Shundan kelib chiqqan holda, Xalq ta'lim vazirligi tomonidan har bir o`quv predmeti bo`yicha ta`lim konstitutsiyasi ishlab chiqildi, standartli yaratildi, darsliklar yangilanmoqda, o`qituvchilar tomonidan yangi talablar asosida ishlash yo`llarini o`rgatuvchi qo`llanma va tavsiyalar ishlanmoqda. Dastur mavzusi maktabda boshlang`ich sinfda mehnatni o`qitishning dasturida belgilangan mehnatning hamma turlarini o`z ichiga oladi.

Ishlab chiqarilgan bu dasturning har bir bo`limida uslubiy ko`rsatmalar asosida o`tkaziladigan amaliy ishlar ro`yxati keltirilgan. U yoki bu bo`limlarni o`tkazayotganda o`qituvchi shu soha bo`yicha mahalliy, badiiy hunarmandchilik asoslari bilan o`quvchilarni tanishtiradi, ular hunarmandchilikning oddiy qismlarini amaliy ishlarda qo`llaydilar. Mashg'ulot davomida o`quvchilar qog`oz, qalin qog`oz (karton), gazlama, plastmassa, temir va boshqalarning ishlab chiqarilishi hamda ishlab chiqarish korxonalarining tashkil etilishi va iqtisodi haqida ma`lumotlar oladilar. Dasturdagi ba'zi mavzularni mahalliy sanoat korxonalariga sayohat uyushtirib o`tkazish mo`ljallangan, unda o`quvchilar korxonalarning ishlash jarayoni, ishlab chiqarilayotgan mahsulotni, ishchi ilg`orlarning mehnat faoliyati bilan tanishadilar. O`quvchilar mehnatdan alohida daftar tutadilar. Unda uslubiy ishlar, ishlatiladigan narsalar haqida malumotlar, chizmalar, homaki rasmlar va hokazolarni to`playdilar. O`qituvchi barcha amaliy ishlarni tekshiradi, baholaydi. O`quvchilarga asosiy ma`lumotlarni qisqa qilib yozib olish uslubiy va qo`shimcha adabiyotlardan unumli foydalanish yo`llarini o`rgatadi. O`quv ustaxonalarida doimiy ishlar va qo`yiladigan ishlar doimo yangilanib, to`ldirilib turuvchi ko`rgazma tashkil qilinadi. Bu ko`rgazmaga boshlang`ich sinf o`quvchilarini taklif qilib turiladi.

Izoh: amaliy va tajriba mashg'ulotlarini o`tkazishda guruh o`quvchilari 2 guruhga bo`linadi; har bir guruhda 12-15 o`quvchi bo`lishi kerak. Mashg`ulot bir mavzu bo`yicha ikkala guruhda ham bir vaqtda o`tkaziladi. Fanni o`rganish natijasida o`quvchilar quyidagi ko`nikmalarga ega bo`lishlari kerak:

– boshlang'ich sinf mehnat darsini tashkil etish ko`nikmasi;

– yasaladigan buyumlar andozasi, chizmasini tuza olish;

– «konstruktor» qismlari va turli xomashyolardan yasalgan hajmli buyumlar qismlarini birlashtira olish;

– qismlarni harakatlantiradigan va hajmli

buyumlarni chizmasi, andozasi yoyilmasi qismlarining shaklini tayyorlay olish;

– boshlang'ich sinf mehnat dasturida ko'rsatilgan mavzularning har biriga ishlov bera olish;

– texnika xavfsizlik qoidalariga rioya qilish.

Materialdan foydalanish texnikasiga ko'ra quyidagi turlarni ajratish mumkin: Qaychi yordamida yaratilgan. Qaychisiz qilingan: origami va kusudama. Uni turli xil texnikalar yordamida alohida turga va hunarmandchilikka ajratish mumkin.

Origami - qog'oz yordamida har qanday hunarmandchilikni yig'ish san'ati. Ko'pgina hollarda, dars yelim va qaychidan foydalanishni o'z ichiga olmaydi. Bu yo'nalish 610 yilda, qog'oz yasash siri Xitoydan Yaponiyaga kelganida paydo bo'lgan. Rohiblar ibodatxonalarni bezatgan va marosimlarda ishlatiladigan haykalchalarni qanday yig'ishni o'rgandilar. O'rta asrlarda bu san'at va hunarmandchilik yapon aristokratlari madaniyatining elementiga aylandi. Agar siz ushbu sevimli mashg'ulotni o'zlashtirmoqchi bo'lsangiz, maqolada qiziqarli origami qog'oz naqshlari mavjud. Bu mahorat hiyla-nayrangga o'xshaydi - bir necha daqiqada oddiy bargdan chiroyli figura tug'iladi. Dars katta moddiy xarajatlarni talab qilmaydi, hatto kichik bolalar uchun ham mutlaqo xavfsizdir. Origami sizga maxsus qobiliyatsiz butun dunyoni yaratishga imkon beradi. Ushbu sevimli mashg'ulot yangi boshlanuvchilarda fazoviy tasavvurni, nozik vosita mahoratini, vosita va fazoviy xotirani, konsentratsiyani, aloqa va o'yin qobiliyatlarini, ufqlarini va ijodiy qobiliyatlarini rivojlantiradi. Quyidagi qog'oz naqshlari asl, g'ayrioddiy o'yinchoqlar, sovg'alar, haykalchalar yasashga yordam beradi. Qanday materiallar kerak bo'ladi Origami qilishni boshlashdan oldin siz kerakli vositalar to'plamini to'plashingiz kerak. Birinchidan, qog'ozni, terchen ofis qog'ozini tanlashingiz kerak, chunki u juda silliq emas va uning zichligi naqshlarga muvofiq katlama uchun yetarli. Kichkina qismlarni yopishtirish, yopishtirish uchun sizga yopishtiruvchi tayoq yoki PVA yelim kerak bo'ladi, agar siz ikkita rangli qog'oz varag'ini yopishtirishingiz kerak bo'lsa, aerosol yelim kerak bo'ladi. Oxirgi texnika sizga to'qimalar va ranglarni birlashtirib, qiziqarli hunarmandchilikni yaratishga imkon beradi. Siz qulayroq yopishtiruvchi massadan foydalanishingiz mumkin, uning yordamida har qanday qism hunarmandning ichida yoki tashqarisida osongina biriktiriladi va keyin iz qoldirmasdan kerak bo'lganda olib tashlanadi. Agar hunarmandchilik oq qog'ozdan yasalgan bo'lsa, u holda buzadigan amallar bo'yoq bilan qoplangan. Ba'zan turli shakl va uzunlikdagi pichoqlar bilan bir necha juft o'tkir qaychi talab qilinadi. Ba'zi hollarda ularni to'sar bilan almashtirish mumkin.

Ushbu vosita tekis chiziqlarni kesish, kesishda kerak. Silliq va toza kesish uchun

pichoqni eskinlashtirish kerak. Qog'oz tanlash Ishning natijasi qog'ozni to'g'ri tanlashga bog'liq, chunki sxemalar bo'yicha origami yaratishning butun jarayoni katlama, egilishdan iborat. Quyidagi ro'yxat ushbu turdagi tikuvchilik uchun qaysi material yaxshiroq va qaysi biri yomonroq ekanligini aniqlashga yordam beradi: Ofis oq qog'ozi qalin, unchalik silliq emas, shuning uchun modullar ulanganda yaxshi ushlab turadi. Bunday material bilan origami qilishni boshlash yaxshidir, chunki shikastlangan modelni tashlash juda achinarli. Uning kamchiliklari buklanish joyida mox paydo bo'lishidadir. Rangli ofis qog'ozi - burmalarda oq rangga aylanmaydi, zichlikda farqlanadi, modulli origamida qo'llaniladi. Stikerlar, qog'oz qog'ozlari - modulli origami-da kusudama yaratish uchun ishlatiladigan turli xil ranglarda bo'yash mumkin. Maktab rangli qog'oz nozik, bo'shashgan, osongina yirtilgan, bu sevimli mashg'ulot uchun mos emas. Burmalarda u o'chiriladi, oq chiziqlar paydo bo'ladi. Folga qog'oz - bardoshli, yirtilmaydi, murakkab naqshlar, o'ralgan modellar, modullarni yaratishda ishlatiladi. To'g'rilanganda, burmalar zich chiziqlar bo'lib qoladi. Yaltiroq jurnallarning sahifalari zich, yaxshi katlanmış va shaklini ushlab turadi. Banknotlar bardoshli, burmalarda eskirmaydi, kichik modullar, sovg'alar qilish uchun mos keladi. Origami uchun maxsus qog'oz

- to'plamlarda sotiladi, turli naqshlar bilan, ikki tomonlama, monoton bo'lishi mumkin. Guruch, papirus, hunarmandchilik, pergament, sigaret, tut, ipak va boshqa qimmatbaho qog'oz turlari - har bir turning afzalliklari va kamchiliklari bor, bu sizga naqshlar bo'yicha qiziqarli hunarmandchilikni yaratishga imkon beradi. Chizma qog'ozi, kuzatuv qog'ozi - murakkab ishlarni yaratishda birinchi urinishlar uchun javob beradi. Rasmlarda origami turlari .

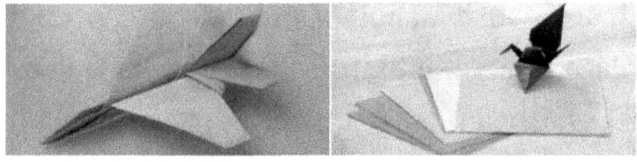

Hayvonlarni yasashni qanday o'rganish kerak - bolalar uchun sxemalar Bolalarning hazillari, bir joyda o'tira olmaslik ko'pincha chaqaloqning hech qanday aloqasi yo'qligi va energiyani biron bir tomonga yo'naltirish kerakligi bilan bog'liq. O'g'il va qizlarni origami bilan shug'ullanishga taklif qiling, bu ularni tinchlantiradi, o'ziga jalb qiladi va mo'jizalar yaratadigan kichik sehrgarlar kabi his qiladi. Bu diqqatni, sabr-toqatni, badiiy didni va fikrlashni rivojlantiradigan foydali sevimli mashg'ulotdir. Origami hayvonlarini qanday qilishni o'rganish juda oddiy: qog'oz varag'ini oling, uni quyidagi diagrammaga muvofiq katlayın va kulgili kichkina hayvonni oling.

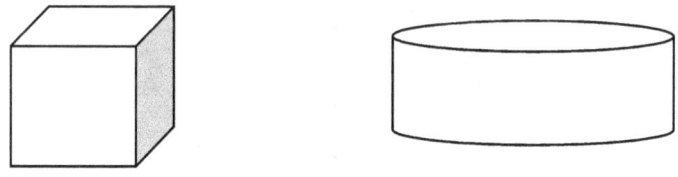

USMANOV MUZAFFAR

Andijon viloyati Paxtaobod tumani Badrag'aobod MFY Qizg'aldoq ko'chasi yashaydi. Qoraqo'rg'on mahallasi 39-umumiy o'rta ta'lim maktabida birinchi toifali geografiya fani o'qituvchisi bo'lib ishlaydi.

Maktablarda geografiya fanini o`qitish samaradorligini oshirishda zamonaviy va innovatsion muhitni tashkil etish

Annotatsiya: Ushbu maqolda innovatsion o'qitish usullarini ta'lim muassasalarida qo'llashning nazariy va uslubiy jihatlari ko'rib chiqilib, geografiya fanini o'qitishda simulyatsion modellashtirish, kadr texnologiyasidan foydalanishning muhim xususiyatlari va imkoniyatlari ochib berilgan. Ta'lim jarayoniga innovatsion yondoshish zamonaviy ta'limning zaruriy shartidir. O'quv materialini o'zlashtirish bo'yicha an'anaviy yondashuvlar bilan bir qatorda (geografiyada bu hududiy, murakkab, tarixiy, tipologik) zamonaviy o'qitish texnologiyalari asosida yangi (tizimli, muammoli, konstruktiv) yondashuvlar qo'llaniladi. Shu munosabat bilan, pedagogik o'quv jarayoni davomida o'quvchilarning

mustaqilligi va faolligini maksimal darajada namoyon etishi, shuningdek, ularning intellektual va shaxsiy darajasida o'sishi mumkin bo'lgan psixologik sharoitlarni topish zarurdir.

Kalit so'zlar: innovatsion o'qitish, simulyatsiya usuli, zamonaviy texnologiyalar, multimedia vositalari, muammolarni o'rganish.

Geografiya - bu Yerning inson sayyorasi sifatida yaxlit ko'rinishini ta'minlaydigan yagona o'quv fani deb hisoblash mumkin. U shuningdek umumiy madaniyatni, shu jumladan ekologik madaniyatni shakllantiradi; barcha darajalarda boshqaruv qarorlarini qabul qilish uchun zaruriy majmuadir. Fanning yana bir muhim jihati bir nechta manbalardan olingan ma'lumotlarni qanday qilib birlashtirishga, ma'lum bir xalqaro aloqa tili - geografik xaritadan foydalanishga o'rgatadi. Geografik ta'lim insoniyat uchun umumiy uy sifatida o'z mamlakati va sayyoramizni o'rganish uchun ishonchli asosdir. Aynan shu ta'lim zamonaviy dunyo va insoniyatning xilma-xilligi va birligi bilan birligini ongli ravishda tushunishni ta'minlaydi. O'quvchilar o'zlarini o'rab turgan moddiy, ma'naviy va madaniy qadriyatlarni va insonning kosmosda mavjud bo'lishining ma'nosini to'g'ri tushunishlari uchun juda katta geografik bilimlarni to'plashi zarur.

O'quv jarayonini yangi pedagogik texnologiyalardan foydalangan holda tashkil etishda maktab o'quvchilari uchun zamonaviy o'quv qo'llanmalariga katta ahamiyat beriladi. Sir emaski, o'qitishning asosiy vositasi hanuzgacha atlas bilan jihozlangan darslikdir. Shu bilan birga, samarali o'qitish o'quv-uslubiy majmuasi deb ataladigan boshqa bir qator o'quv qo'llanmalaridan (dasturlar, ko'rsatmalar, o'quv daftarlari) foydalanishni o'z ichiga oladi. Ammo o'quv materiallaridan tashqari, boshqa o'quv qo'llanmalari ham qo'llaniladi: audiovizual va ekran-tovush, shuningdek turli xil interaktiv o'quv vositalari (multimedia ensiklopediyalari va qo'llanmalari, moslashtirilgan dasturiy va uslubiy majmualar va shunga o'xshash elektron darsliklar, test dasturlari). Har qanday yangi texnologiyani o'zlashtirish bilan o'qituvchining yangi pedagogik tafakkuri boshlanadi: uslubiy tilning ravshanligi, tuzilishi, metodikada asosli me'yor paydo bo'lishi. Sinfda pedagogik texnologiyalarni qo'llagan holda, yaxshi natijalarga erishib, geografiyani o'qitish jarayoniga yangi nuqtai nazardan qarash mumkinligiga amin bo'la olamiz. Ayni

paytda geografiya darslarida turli xil pedagogik

yangiliklardan foydalanilmoqda. Shunga qaramay, quyidagilar eng xarakterli innovatsion texnologiyalardir. Mavzuni o'qitishda axborot-kommunikatsiya texnologiyalaridan (AKT) foydalanish usuli. AKTni o'quv jarayonining mazmuniga kiritish turli predmet sohalarini informatika bilan birlashtirishni nazarda tutadi, bu esa o'quvchilar ongini axborotlashtirishga va zamonaviy jamiyatdagi axborotlashtirish jarayonlarini (uning professional yo'nalishida) tushunishiga olib keladi. Maktablarni axborotlashtirish jarayonida paydo bo'layotgan tendensiyani anglash katta ahamiyatga ega: maktab o'quvchilari tomonidan informatika haqidagi asosiy ma'lumotlarni o'zlashtirishdan, umumiy texnologiyalarni o'rganishda kompyuter dasturlaridan foydalanishgacha. Natijada maktab metodik tizimida yangi axborot texnologiyalari paydo bo'ladi va maktab bitiruvchilari kelgusi ish faoliyatida yangi axborot texnologiyalarini o'zlashtirishga o'rgatiladi. Ushbu yo'nalish o'quv dasturiga kompyuter fanlari va AKTni o'rganishga qaratilgan yangi fanlarni kiritish orqali amalga oshiriladi. Sinfda AKTdan foydalanish tajribasi shuni ko'rsatdiki:

a) masofaviy ta'limning turli shakllarini o'z ichiga olgan ochiq maktabning axborot muhiti, ayniqsa, loyiha uslubidan foydalangan holda o'quvchilarning fanlarini o'rganishga bo'lgan intilishini sezilarli darajada oshiradi;

b) o'qitishni axborotlashtirish o'quvchi uchun jozibali bo'lib, unda maktabdagi muloqotning psixologik stressi "o'qituvchi-o'quvchi" sub'ektiv munosabatlaridan "o'quvchi-kompyuter-o'qituvchi" eng ob'ektiv munosabatlarga o'tishi, o'quvchilarning ish samaradorligi bilan olib tashlanadi. Ijodiy ishlarning ulushi ortadi, maktab devorlari ichida bir fan bo'yicha qo'shimcha ma'lumot olish imkoniyati va kelajakda maqsadli ravishda maktab, obro'li ishni tanlash amalga oshiriladi;

d) o'qitishni informatizatsiya qilish o'qituvchi uchun jozibali bo'lib, uning ish samaradorligini oshirishga imkon beradi, o'qituvchining umumiy axborot madaniyatini oshiradi.

Innovatsion o'qitish usullaridan foydalangan holda geografiyani o'qitish jarayonida quyidagi pedagogik paradigmalarni amalga oshirish mumkin:

- ta'limning insonparvarlik paradigmasi, bu erda asosiy qiymat ma'lum bir shaxs - uning ichki makoni, individual bilish jarayonining o'ziga xos xususiyati;

- ta'limning texnokratik paradigmasi - tasdiqlangan va sinovdan o'tgan bilimlarga asoslangan ob'ektiv haqiqat mavjudligining, shuningdek atrof-muhit bilan eksperimental o'zaro aloqalarning qiymat tushunchasi;

- ta'limning tarixiy paradigmasi, bu jamiyat mavjudligining o'ziga xos tarixiy shartlarini va ular bilan bog'liq bo'lgan jamiyatning yashash usullari va shakllarini o'rganadi.

Innovatsion o'qitishning mohiyati shundan iboratki, o'quv jarayonida talaba uning sub'ektiga aylanadi, ya'ni uni yonma-yon va tasodifiy natijada rivojlantirish asosiy vazifaga aylanganda, o'z-o'zini o'zgartirish uchun o'rganadi, ham o'qituvchi, ham o'quvchining o'zi. Shu munosabat bilan, pedagogik jarayonda o'quv jarayoni davomida talabalarning mustaqilligi va faolligini maksimal darajada namoyon etishiga, shuningdek, intellektual va shaxsiy rivojlanishda ilgarilashga imkon beradigan bunday psixologik yoki pedagogik sharoitlarni aniqlash zarur bo'ladi. Ma'lumki, umumta'lim maktablarda 5 sinfdan 10 sinfgacha "Geografiya" fani o`qitiladi. Lekin hozirgi kunda o`quvchilarni geografiya faniga qiziqtirish oson emas. Geografiya fani o`quvchilarni har tomonlama keng fikrlashga, dunyoni teran anglashga, tabiiy va iqtisodiy shart-sharotilarni to`liq tushunib yetishga o`rgatadigan fan desak, mubolaga bolmaydi. Bundan tashqari ushbu fanni yaxshi bilgan, yaxshi o`zlashtirgan oquvchi fikrlash doirasi ham har tomonlama boshqa o`quvchilarga nisbatan ancha yuqori bo`lishi amaliyotda isbotlangan. Afsuski, hozirigi kunda maktablarda moddiy texnik bazasida fizika, kimyo, biologiya fanlari kabi geografiya fanini o`qitishda kerak bo`ladigan asosiy o`quv qurollari yetishmaydi. Bundan tashqari maktablarda geografiya maydonchasi degan tushuncha allaqachonlar unutilib bormoqda.

Dars jarayonlarini olib borishda axborot texnologiyalaridan keng foydalanish dars jarayonini qiziqarli, mazmunli o`tishida katta samara berishi hech kimga sir emas. Ayni vositalar geografiya fani uchun ham juda muhim unsurlar hisoblanadi. Sababi tabiiy geografik obyektlarni tushuntirish jarayonida o`quvchiga o`rganilayotgan obyekt haqida faqat nazariy emas, balki axborot tehnologiyalaridan foydalanib yangi inovatsion metodlar yordamida mavzu yoritilsa o'quvchining ongida yangi fikr va dunyoqarashni shakllanishiga yordam beradi va shu bilan bir qatorda o'rganilayotgan obektlarni qanday hudud ekanligini ko`rsatgan holda dars o`tilsa o`quvchiga yana ham tushunarli boladi. Umuman olganda, geografiya fanini maktablarda nufuzini oshrish borasida ishlar juda ham oqsamoqda va muammolar yetarlicha. Xo`sh, geografiya fanini maktablarda nufuzini oshrish uchun qanday amaliy ishlar qilish kerak?

Birinchi navbatda xalq talimi vazrligi hududiy bo`linmalari joylarda ya'ni maktablardagi geografiya fanidan dars berayotgan geograf o`qituvchilarni qiynayotgan masalalarni o`rganishi talab etiladi. Maktablarda geografiya fani uchun moddiy texnik bazalari yitishmaydi, borlari ham hozirgi kun talabiga javob bermaydi.

Misol tariqasida, 5-sinflarni o'qitishda turli xil ko'rgazmali vositalar: vulqonlarni maketi, shamol yo'nalishini aniqlaydigan fluger aparati, bosimni o'lchaydigan barometr kabi jihozlarning yitishmasligi darsning sifatiga ta'sir ko'rsatmay qolmaydi. Hozirgi kunda maktablarda geografiya fanining o'qitilishidagi eng asosiy o'uv quroli bo'lgan geografik xaritalarning yetishmasligi hech kimga sir emas, borlari ham eski va maktab darsliklariga muvofiq kelmaydi. Mavjud xaritalardan foydalanib mavzuni yoritish judayam mushkul. Ba`zi maktablarda umuman yo`q. Shu sababli har bir maktabda direktor jamgarmasidan bo`ladimi yoki xalq talim vazirligi xuzuridagi jamgarmalar hisobidan bo`ladimi maktablarda geografiya fani uchun kerak bolgan xaritalar sotib olinishi kerak. Har bir maktabda geografiya maydonchasini tashkil qilish ham fanni rivojlantrish yolidagi ijobiy siljish bolib xizmat qiladi. O`quvchilar geografiya maydonchasida sinf xonasida olgan nazariy bilmlarini amaliy jihatdan mustahkamlab borishadi. Bundan tashqari darsliklar masalasida 7-sinf O`rta osiyo tabiiy geografiyasi kursi shu yoshdagi sinf oquvchilari uchun biroz murakkab yozilgan. Mavzular judayam murakkab

o'quvchi ma'lumotlarni esda saqlab qololmaydi. Darslikda yoritilgan mavzularda turli xil ko'rgazmali rasmlar juda ham kam, uning o'rniga esa esda saqlab qolish qiyin bo'lgan jadvallar kiritilgan. Ushbu darslikni ham yangicha zamonaviy ko'rgazmali vositalar yordamida boyitilgan ma`lumotlar asosida qayta ko`rib chiqish va kamchliklarini bartaraf etish zarur.

Foydalanilgan adabiyotlar:

1. Rajabov Furkat Turakulovich, Sattarov Abdisamat Umirkulovich (2020) FARMS OF UZBEKISTAN: DEVELOPMENT, SPECIALIZATION, GEOGRAPHY. Journal of

Critical Reviews, 7 (6), 1189-1196.

2. Radjabov, F. (2020). Describe the Individual Food Industry Contents and their Role in the Delivery of Agricultural Products. International Journal of Progressive Sciences and Technologies, 19(1), 292-294.

3. Туракулович, РФ (2020). Динамика и региональные особенности сельскохозяйственного производства. В Республике Узбекистан. Международный журнал психосоциальной реабилитации, 24 (2).

4. Komilova, N. K., Haydarova, §. A., Xalmirzaev, A. A., Kurbanov, S. B., & Rajabov, F. T. (2019). Territorial Structure of Agriculture Development in Uzbekistan in Terms of Economical Geography. Journal of Advanced Research in Law and Economics, 10(8 (46)), 2364-2372.

QADAMBOYEV DILMUROD

Chilonzor tumanidagi 173-maktabning 4-"A" sinf o'quvchisi

KELAJAKKA SAYOHAT

Bir bor ekan, bir yo'q ekan, Laziz ismli bola bo'lgan ekan. U bir kuni o'rtoqlari bilan suvga tushish uchun anhor bo'yiga boribdi. Lekin Lazizni nimadir chaqib olibdi, u hushdan ketibdi, ko'zini ochsa, 3000-yilda bo'lib qolibdi. Qarasa, u yerning havosi juda iflos bo'lib ketgan, osmonda esa mashinalar uchib yurar edi. U joyda bitta ham odam yo'q, osmon esa qip-qizil edi. Hamma joy bino edi, keyin u bir binoga kirdi va binoda qandaydir uskuna bor edi. Bu yerda boryoʻgʻi bittagina odam bor edi. Laziz salomlashib, undan soʻradi: "Nega bu yerda odamlar yoʻq, ular qayoqqa ketgan?" Notanish odam: "Bu yerning havosi chang-toʻzon boʻlib, ifloslanib ketgandan keyin noma'lum kasallik tarqaldi, shu kasallikdan hamma oʻldi, bitta men qoldim". Keyin ular ancha suhbat qurishdi. Suhbat asnosida Laziz u odamga qanday yordam berishi mumkinligini soʻradi va undan koʻp narsalarni oʻrganib oldi, chunki bu odam tajribali olim edi. U Lazizga: "Anavi uskunani koʻrdingmi? Unda qizil tugma bor, uni bossang, boshqa zamonga borsa boʻladi", - dedi. Laziz shu tugmaga qiziqib tekkan edi, birdan oʻzining zamoniga qaytib qoldi va uyidagilariga shunday dedi: "Men kelajakka bordim", lekin uning gapiga hech kim ishonmadi, chunki u dalil olib kelishni esidan chiqargan edi. Laziz bunga afsuslandi, yana u yerda bir odam bor edi deb ham aytgan edi, shunda ham ishonishmadi. Soʻngra dalil olib kelish uchun u yana kelajakka bormoqchi boʻldi.

U koʻp oʻyladi, kelajak uchun qanday qilib yordam bersam ekan deb. Keyin birdan "havoni tozalovchi uskuna" yaratishni o'yladi va ko'p urinishlardan keyin buning uddasidan chiqdi. U tajriba o'tkazib ko'rdi. O'rtoqlarini ham yordamga chorladi. Tashqariga chiqib, havoga tuproq sochib, chang-to'zon qilishdi, keyin uskunani sinovdan o'tkazdi. Qarasa, u yaratgan uskuna havodagi barcha changlarni tortib olyapti. Birpasdan keyin havo top-toza bo'ldi. U xursand bo'lib ketdi, dadasi ham buni ko'rib juda xursand bo'ldi. Lekin Laziz bu uskunani kelajakka olib bormoqchi edi, chunki uning maqsadi kelajakdagi odamlarni qutqarish edi. Bu safar Laziz hamma narsa qilib ko'rdi, ammo o'xshamadi. Laziz nimaiki qilmasin sira o'xshamadi, so'ngra u afsuslandi, keyin maktabiga ketdi. Laziz yo'ldan o'tayotgandi, birdan uni yashin urib yubordi. Shundan keyin birdaniga hamma yoq yorishib ketdi. Laziz 2880-yilga tushib qolgandi. U joyda avvalgidek osmonda mashinalar uchib yurar edi, odamlar ham ko'p edi. Laziz bir uyga kirdi, u yerda Jamshid ismli bola yashardi. Avvalgi sayohatidagi kasallik hali avj olmagan edi. Lekin u joyda hamma narsa elektron edi, odamlar yozuv yozib bilishmasdi, chunki ancha yildan beri qo'lida yozuv yozmagan edi. Elektron ruchka, elektron oyoq kiyimlar va jihozlar bor edi. Elektron oyoq kiyimlar bilan bemalol uchib yursa bo'lar edi. Laziz Jamshidga o'zi yaratgan havoni tozalaydigan uskuna haqida gapirib berdi va unung chizmasini qoldirdi. Keyin u dalil uchun oyoq kiyimlardan bir juftini oldi va uyga qaytish uchun harakat qildi va Jamshiddan yordam so'radi. Jamshid bilan birgalikda bir binoga kirdi, u yerda bir kichkina uskuna bor edi, undagi sariq tugmani "nima bo'lar ekan" deb qiziqib bosgandi, birdan uskuna kattalashib yorug'lik chiqara boshladi, yorug'lik chiqarayotgan narsaga tekkandi, o'z zamoniga qaytib qoldi. U uyidagilarga bo'lgan voqeani so'zma-so'z aytib, dalillarini ko'rsatdi. Uning uyidagilar dalillarni ko'rib hayratdan yoqa ushlashdi. Ular bu safar ishongan edi. Bu sayohat Lazizga juda yoqqandi va bundan juda ham mamnun edi.

KENJAYEVA GULSHODA

1974 -yili Surxondaryo viloyati Uzun tuman Tojikobod MFY da tug'ilgan. Millati tojik. 2020-yili Termez davlat Universitetining psixologiya kulliyotini bitirgan. Sevimli mashg'uloti kitob mutolaasi va hayotdagi shiori "Intilganga tele' yor" deb doimo harakatda va o'z kasbini sevuvchi ,mehnatga fidoiy . Ayni damda Surxondaryo viloyati Uzun tuman 18-umumiy o'rta ta'lim maktabida amaliyotchi psixolog vazifasida ishlaydi.

MAKTABLARDA PSIXOLOG VAZIFASI VA O'QUVCHILAR BILAN XIZMATNI TASHKIL

QILISHDA PSIXOLOG O'RNI

Annotatsiya:

Ushbu maqolada bugungi kunda yoshlar orasida ko'paib borayotgan turli muammolar va stresli holatlar globallashuv jarayonidagi mobil telefonlarning bola tarbiyasidagi ta'sir doirasida kelib chiqishi bo'lgan muammolar umumta'lim maktablarida psixologik xizmatni tashkil etishning mazmun mohiyati haqida.

Tayanch so'zlar: "Ommaviy madaniyat"globallashuv, tahdid, jarayon, barqarorlik, immunitet shakllantirish,mobil telefon ,tarbiya jarayoni, milliy qadriyatlar,ota – ona .

Bugungi kunda dunyoning taraqqiy topgan mamlakatlari qatorida bizning mamlakatimizda ham psixologik xizmat keng qamrovli tashkil qilinganligi va bu borada hukumatimizning tegishli Qaror va farmonlari bilan asoslanganligi ma'lum.bu xizmatlarning barchasi mamlakatimiz yoshlarini bugungi kun globallashuv jarayonida o'zgarib borayotganligini oldini olish va ularni o'zaro muomila madaniyati,milliy qadriyatlar va shu ruhiyada tarbiyalash,o'zidan kattalarga nisbatan g'amxor va kichiklarga nisbatan mehrubon bo'lish,"Ommaviy madaniyat " ta'siri ostida yoshlarning xattiharakatlariga bo'layotgan o'zgarishlar haqida psixolog kuzatuvi va ta'siri katta ahamiyatga ega.

Shuning uchun bugungi kunda davlatimiz ta'lim sohasidagi islohotlari yoshlarni miliy qadriyatlarimiz .vatanparvarlik yuota-ona qadri va ularni hurmat qilishiyuota –ona oldidagi vazifasi kabi dolzarb muammolarni shakllantirish iborat.

Bu vazifalarni shakllantirishda psixologda pedagoglik mahorat bo'lishi va ta'lim muassalarda pedagoglar bilan doimiy aloqada bo'lishi ,o'quv –tarbiya jarayonidagi faoliyatning barcha turlarini qulaylashtirishni mohirlik bilan uddalashdan iborat. Psixologning asosiy vazifasi o'quvchining ertalab maktabga kelish jarayonidagi kuzatuvdan boshlashi lozim. Zero kunlik doimiy kuzatuv o'quvchinig xatti harakati va bo'layotgan o'zgarishni aniqlashda katta ahamiyatga ega.

Psixolog va psixologiya fani bu katta bilim xazinasi va hayotda juda katta tajriba egasi kishi sanaladi. Psixolog tavsiyasi insonni tarbiyalash va immunitetni shakllantirishda tibbiyotda qo'llanadigan dori sifatida bo'lib hatto so'z qudrati undanda yuqori turishi ilmda o'z isbotini topgan.

Psixologiya xizmati — bu keng qamrovli xizmat turlaridan bo'lib aslida yosh tanlamaydigan xizmat turidir. Psixolog –bu insonga do'st,sirdosh ,mehribon inson va hatto insonning eng qiyin bo'lgan vaziatlarda yordam ko'rsatadigan xizmatchi ,do'stdir.

Psixologiya xizmati — bu shaxsning muvaffaqiyatlarga erishishi, o'qishi, to'g'ri kasb,hayot yo'lini tanlashi, o'z bilimi va qobiliyatini anglab yetish va hayotda to'g'ri qo'llanilishida yordam ko'rsatishdir.

Shuning uchun bu xildagi xizmat deyarli barcha

yoshdagi insonlarga zarur bo'lib qoladi.Hayotning muammolari hayot davomida psixolog xizmatiga zarurat tug'diradi.Ba'zi mavridda insonlar shu xizmat turini hayot tajribasini ko'rgan kishilardan,inson insonga bo'lgan mehr muhabbatidan ,hayot tajribalaridan ham oladi. Ana shuni o'zi ham bevosita psixolog xizmat turi deb baholashimiz mumkin. Shu o'rinda fors-tojik adabiyotining buyuk namoyandasi Rudakiyning ta'kidlashicha :

Har kimki hayotdan olmasa ta'lim,

Uni o'rgatolmas hech bir muallim.

Hayotda turli yoshdagi insonlarning barchasiga qiyin bo'lgan lahzalar duch keladi. Hayotda g'am - qayg'u bilan shodlik doimo yonmayon bo'lib bu borada shoirning quidagi misralari fikrimiz dalili bo'la oladi:

Dar olami bevafo kase xurram nest,

Shodiyu nishot dar bani odam nest,

Har kas.ki dar in zamona o'ro g'am nest,

Yo odam nest,yo az in olam nest.

Shu kabi muammolardan biri bu bugungi kundagi yoshlarimizning tarbiyasiga salbiy ta'sir ko'rsatayotgan "Ommaviy madaniyat" ta'siri va mobil telefon ta'siri ostida kirib kelayotgan urf odatlarning milliy qadriyatlarimizdagi ta'siri haqida gapirib o'tishimiz lozim.bu masalalarga e'tiborsizlik yaqin orada insoniyat boshiga qator muammolar keltirishini bugungi kuzatuvlar tasdiqlaydi .bu kabi masalalarni bartaraf etishda psixolog xizmati ta'siri bilan birga jamiyatning barcha qatlami bir xil ta'sir kuchi ko'rsatishi lozim. Avvalo ota –ona ta'siri ,ota-onaning ta'siri ostidagi maktab mahalla hamkorligi va ularga ta'sir kuchini kuchaytirish va immunitet shakllantirish uchun psixolog xizmat ta'sirini yo'lga qo'ishimiz lozim.

Psixologik xizmati bu insonning qaltis yosh davrida bo'lgan kishilarga ayniqsa zarur xizmatlardan biri bo'lib, maktab amaliyotchi-psixologi o'zining xizmat vazifasini bajarish uchun ta'lim tizimida quyidagi yo'nalishlarini bilishi zarur:

1.Psixoprafilaktik ishlar.

2. Psixodiognostik ishlar.

3. Rivojlantiruvchi va korreksion mashg'ulot ishlar.

4. Psixologik maslahat ishlari.

5. Madaniy oqartuv ishlari.

6. Kasbga yo'naltirish ishlari haqida to'liq ma'lumotga ega bo'lishi zarur.

7. Uqituvchi va o'quvchilarning oilaviy ahvollarini o'rga

nib chiqishi,o'quvchilarni kunlik nazoratini bilishi va kuzatiladin uzgarishlarga zudlik bilan muamoom qo'ish va uning yechimini topishga harakat qilish.

Shu kabi muammolarni bilib o'z vaqtida ta'sir kuchini ko'rsatadigan psixolog insonlarga ko'proq naf' keltiruvchi psixolog deb aytishimiz mumkin.

Bu kabi xarakatlarimiz milliyligimizing saqlashi ,yoshlarimizni vatanparvarlik ruhida tarbiyalashUota-onaning hurmatiga sazovor farzand ,oila oldida mas'uliyatli inson kabi tushunchalarga ega mukammal insonlarni shakllantirish va halollik kabi immunitetni shakllantirishdagi maqsad va vazilarimizga erishamiz.

ADABIYOTLAR RO'YXATI

1. R.Mamaraimova. (2022). O'QUV JARAYONINING INTERFAOL METODLAR YORDAMIDA TASHKIL ETISHNING MAZMUN MOHIYATI.

2. Shirin Kamolova O'QITUVCHI PEDAGOGIK QOBILIYATLARINI

SHAKLLANTIRISHNING PSIXOLOGIK ASOSLARI

3. Internet manba'laridan foydalandi.

ALIBOYEVA AYXAN

1994-yilda 2-noyabrda Andijon viloyati, Jalakuduk tumanida tavallud topgan. Ma'lumoti oliy 2022-yil Andijon davlat universitetini tomomlagan. Qirg'iz tili va adabiyoti yo'nalishida magistrni tamomlagan. Kirgiz milliy markaz a'zosi

«MANAS" DOSTONIDAGI BOLA TUG'ILISHI BILAN BOG'LIQ MILLIY URF-ODATLAR.

Annotatsiya: Maqolada qirg'iz xalqining mashhur —Manas dostonidagi

bola tug'ilishi bilan bog'liq bo'lgan urf-odatlar, udumlar va maroismlar

tahlilga tortiladi. Ularning mazmun-mohiyati izohlanadi.

Kalit so'zlar: suyunchi aytish, chaqoloqni oziqlantirish, ko'rmana, ism qo'yish, jentek (aqiqa), beshik to'y v.b.

O'zbek xalqining «Alpomish", qirg'iz xalqining «Manas" dostonlari bosh bo'lgan barcha xalq og'zaki ijodi merosi bir davr èki bir asrning hodisasi emasligi barchamizga ma'lum. Chunki, xalq og'zaki ijodi namunalari og'izdan og'izga, avloddan-avlodga o'tib, yangilanib, yangicha mazmun-mohiyat kasb etib turuvchi so'z sana'ti orqali yuz bergan jonli voqea, ijodiy hodisadir.

Bunday asarlarda xalqning ijtimoiy-tarixiy haèti, xalqning olamolam orzulari, ezgu tilaklari, katta umidi va ishonchlari mujassam bo'ladi.

Xalqning ma'naviy dunèsi, qarashlari, ideal bilgan fazilatlari xalq og'zaki ijodi asarlarining asosini tashkil etadi. Shuning uchun ham xalqning qanday xalq ekanligini bilmoqchi bo'lsak, shu xalq og'zaki ijodi namunalari bilan tanishish kifoya bo'ladi.

Masalan, har bir xalqning o'ziga xos milliy urf-odatlari, udumlari, marosimlari bo'ladi. Qirg'iz xalqining milliy urf-odatlari, udumlari, turli marosimlari bilan yaqindan tanishmoqchi bo'lsangiz, albatta

—Manas‖dostonini o'qib chiqing.Zero, unda qirg'iz xalqining avloddan-avlodga o'tib kelaètgan va keng tarqalgan an'anaviy marosimlari tarannum etilgan.

Biz maqolamizda eposdagi bola tug'ilishi bilan bog'liq bo'lgan marosimlar sirasiga kirgan suyunchi aytish, chaqoloqni oziqlantirish, ko'rmana, ism qo'yish, jentek (aqiqa), beshik to'y kabi an'anaga aylangan

meroslarning ―Manas‖ dostoni sujetida berilishini kuzatamiz.

Farzandning dunèga kelishi har bir qirg'iz oilasi uchun quvonchli voqea

bo'lgan. Chunki, farzand har bir oilaning davomchisi, insonning o'lmasligi

timsoli sanaladi. Shuning uchun ham bola tug'ilishiga bog'liq urf-odatlar, udumlar xalqning asrlar davomida ijtimoiy taraqqièt sinovlaridan o'tib,

xalq tomonidan e'zozlanib, ularning ijtimoiy munosabatlarida xalq

haètining ajralmas qismiga aylangan.

―Manas‖ dostonida ham bola tug'ilishiga bog'liq ko'plab urf-odatlar,

udumlar, marosimlar tasvirlangan.

Suyunchi – insonni sevintirgan, quvontirgan xushxabarni bildirganda

aytiluvchi so'z. Bu so'z shodlik ulashuvchi

xabarni yetkazuvchiga xushxabarni eshitib, quvongan inson tomonidan beriluvchi sovg'ani ham anglatadi.

Qirg'iz xalqida chaqoloq dunèga kelganida uningbobosi va buvisiga, yaqinlariga va qo'ni-qo'shnilariga suyunchi xushxabarini yetkazishgan. Suyunchi asrlar mobaynida qirg'iz xalqida eng yaxshi yangilik hisoblangan va uni yetkazuvchi, ya'ni suyunchi aytgan inson javobsiz qoldirilmagan. Suyunchini eshitgan va qabul qilgan kishi sovg'alar bergan. Keksa avlod vakillarining aytishlariga qaraganda suyunchi uchun hech narsasi yo'q odam, yo'q deganda kiyib yurgan kiyimining bir tugmasini bergan ekan.

―Manas‖ dostonida ham suyunchi aytish va suyunchi berish an'analarining keng tarqalganligini yaqqol koʻrishimiz mumkin.

—Manas‖ dostonida Manas tugʻilganda Oqbolta Koʻkchoʻloq otini minip

borib, Qorasuvning boʻyida qora èlli sariq biya tuqqan aksur (qora rang bilan

oq rangni aralashtirganda hosil boʻlgan rang) erkak qulunni yangidan qadam

tashlatib turgan Jaqipga kelib:

–Aèling oʻgʻil tugʻdi! Bolang ikki qoʻliga qon changallab tushibdi, - deb

suyunchilaydi.

Jaqip esa gʻamlab, tayèrlab yurgan oltinini suyunchiga berib, kөp mol

aytadi.

Suyunchilash —Manas‖ dostonining boshqa epizodlaridaOlmambetning

Manasga kelganligini suyunchilab, Jaqip bilan Chiyirdiga boganda ham

beriladi (1.258.).

—Manas‖ dostonining barcha variantlarida, versiyalarida suyunchilash urf-odatini uchratamiz. Suyunchilashdan keyingina chaqoloqni oziqlantirish marosimi oʻtkaziladi.

Chaqoloqni oziqlantirish qirgʻiz xalqining milliy urf-odatlaridan biri boʻlib, yangi tugʻilgan chaqoloqni tugʻdirgan aèllarning biri tomonidan bajarilgan irimi sanaladi. Tugʻdirgan aèllarning biri yangi tugʻilgan chaqoloq ogʻziga sarègʻ solib oziqlantiradi. Bu esa xalq tomonidan chaqoloqni oziqlantirish deb nomlanadi. Xalq ishonchi boʻyicha chaqoloqni sarègʻ bilan oziqlantirsa, u katta boʻlganida ota-onasiga, el-urtiga mehribon, rizqisiulugʻ, ogʻzidan faqatgina yaxshi soʻzlar, yaxshi tilaklar aytiluvchi inson boʻladi.

―Manas‖ dostonida Chiyirdi omon-eson ko'zi èriganda bolani uch qorin èg'

bilan oziqlantirishadi. (1.141.). Qirg'iz xalqi o'z oilasida tug'ilgan go'dakni to'ydiribgina qolmay, har qanday uydan onasi bilan kelgan o'g'ilning og'ziga moy surtib qo'ygan. Qirg'iz xalqida o'tkaziluvchi oziqlantirish marosimini

bolani keyingi haètda yaxshilikka undaydigan istak sifatida tushunish

mumkin.

Ko'rmana ‒ chaqoloqni, ba'zan yangi kelgan kelinni birinchi ko'rgan yaqin

qarindosh urug'lar tomonidan berilgan sovg'a. ―Manas‖ dostonida shunday

deyiladi: ―Kɵrүndүkkɵ jambы alыp‖ (Mazmunu: Ko'rmanaga jambы olib. Bu

joyda jambы degani qo'yning, yilqining v.b. tuèg'i shaklida uyutilgan turli

o'lchamdagi va salmoqdagi kumush quymalari).

Ushbu so'z eposda ko'p ishlatilgan.

Masalan: —Jambыsы jandan kөp eken, On besh tөөgө artыldы‖(Jambыsы jondon ko'p ekan, o'n besh tuyaga ortildi).

Ism qo'yish ham eposda o'zgacha tasvirlanadi. Farzandga ism qo'yish va shu bilan bog'liq ravishda duo qilish hamda uning kelajakdagi bahodirona haėt yo'lini oldindan aytish motivi eposning barcha variantlarida uchraydi.

Bolali bo'lib quvongan Jaqip katta to'y qilib turli joylardan to'yga el chaqiradi. To'yda uloq o'yinlari, kurashlar, o'yinkulgi, to'kin-sochinlikni,

hisobsiz boylik va tantanani ko'rgan dushmanlar bo'lajak qahramondan

shubhalanadilar. To'y tarqab, boy Jaqip qozoq, qirg'iz, qipchoqning bilimdonlarini, dono qariyalarini olib qoladi. Ularga sarpo kiydirib, bolasini etagiga solib kelib oʻtirganlardan bolaga ism qoʻyib berishlarini

soʻraydi. Ism topmay qiynalishadi. Oʻgʻliga qanday ism berilishini intizor

boʻlib kutaètgan Chiyirdi ham ism beruvchilarga atagan sovgʻasini olib kelib

turdi. Shunda qoʻlida hassasi bor, oq kiyimli devona paydo boʻlib,

oʻtirganlardan ijozat soʻrab, «bolaning ismi Manas boʻlsin, har balodan

xalos boʻlsin"- deb ism qoʻyib qoʻlini duoga èyganda, u yerdagilarning barchasi

fotiha berishadi. Notanish devona koʻzdan gʻoyib boʻladi.

Jentek bu oʻzbek xalqida oʻtkazuvchi aqiqaga yaqin boʻlib, unda bola

tugʻilganda oʻtkaziluvchi toʻy hisoblanadi. Bola tugʻilganida ota-onaning yaqinlari, èru-birodarlari, bobo-buvilari, qaynona-qaynotalari jentektep (sovg'a-salmlari bilan tabriklab, yo'qlab) kelishadi. Ota-onalar yangi tug'ilgan chaqaloq sharafiga qarindoshlari, do'stlari va qo'shnilarini taklif

qilishadi, dasturxon èzadilar. Kichkintoy dunèga kelmasidan oldin jentek

to'yi uchun avvaldan maxsus sarèg', qurut, asal kabi ko'p saqlansa ham buzilmas

bo'lgan oziqlar chaqaloqning tug'ilishi uchun saqlangan. ―Manas‖ dostonida hamto'y o'tkazish an'anasi saqlanib qolgan. Dostonda to'yga oldindan tayèrgarlik

ko'rish, taomlarning xilma-xilligi tasvirlangan. Bu ―Manas‖ eposida ham

saqlanib qolgan. Manas tug'ilganda jentek to'y berilib, turli marosimlar

o'tkazilganligi tasvirlanadi. Qarigangacha bolali

bo'lmay armonli yurgan

Jaqip bilan Chiyirdi tilagiga yetib, farzandli bo'ladi va ushbu to'yga avvaldan tayèrlanib, g'amlab yurgan oziq-ovqat (sarèg', qo'shgan èg', qurut, asal

v.b) bo'g'irsoq qilib, ko'p mol so'yilgani aytiladi:

Chaqirib yurtga beribdi,

Sakkiz biya so'yib jentekni.

To'yinmagan to'yinib,

To'plagan mollar so'yilib,

Ochning bari to'yinib (S.O, 1. 79) (2. 215.).

Qirg'iz xalqida beshik to'y, tushoo kesuu (bu —tushoo kesuu‖ so'zi (tushovini kesish ma'nosini anglatadi) va ushbu marosim qirg'iz xalqida farzand yangi qadam tashlay oladigan, tay-tay bosgan vaqtda o'tkaziladi. Unda ham to'y

o'tkazilib, turli musoboqa o'yinlari o'tkaziladi. Yosh bolalar ma'lum bir joydan yugurishadi. Kim birinchi yangi qadam tashlab toʻyi oʻtkazilaètgan kichkintoyning èniga yetib kelsa, shu bola kichkintoyning oègʻiga bogʻlab qoʻyilgan tushovni, ya'ni chiroyli bezatilgan ipni qirqadi hamda uy egalari

tayèrlab qoʻygan sovhaga ega boʻladi), sunnat toʻy kabi farzandli boʻlishga

bogʻliq boʻlgan urf-odat va marosimlar borki, ular bugungi kunda ham deyarli

oʻzgarmay, xalq orasida zoʻr ishonch, tilak, yaxshi niyat bilan oʻtkazilib

kelaètganiga guvoh boʻlamiz.

Yuqoridagilardan xulosa qilib aytishimiz mumkinki,, ajdodlarimiz

an'analarini asrab-avaylash, millatning oʻziga xosligini, boshqa

xalqlardan farqini koʻrsatib turuvchi bunday urf-odatlar, udumlar, marosimlar asrab-avaylay oladigan yangi avlodni tarbiyalashga xizmat qiladi.

FOYDALANILGAN ADABIYOTLAR:

1. Manas ensiklopediyasi. –Bishkek, 2-tom, 1995. – 432 b.

2. Manas ensiklopediyasi. –Bishkek, 1-tom, 1995. – 440 b.

3. Кыrgыz tilinin sөzdүgү. 1-2-tom. Bishkek, 2011. –880, –890 b.

4. O'zbek tilining izohli lug'ati. 5 tom. Toshkent, 2007.

YANGIBOYEVA IRODA

Uzun tuman 18-umumiy o'rta ta'lim maktabning ona tili va adabiyot o'qituvchisi . Kitob mutolaasi va o'zbek mumtoz adabiyotining o'rganish uning asosiy mashg'ulotlaridan biri hisoblanadi.Angiboyeva Iroda 1988-yili Surxondaryo viloyati Qiziriq tumanida tug'ilgan Bolajonlar bilan ishlash va o'qituvchi bo'lish istaki uning hayotdagi asl maksadi va mazmuni bo'lib ushbu orzu va istak uni Temez davlat Universitetiga olib keldi. 2011-yili mazkur Universitetni bitirib ayni damda Uzun tumanidagi 18-umumiy o'rta ta'lim maktabida bolajonlarga ona tili va adabiyot fanidan ta'lim berib kelmoqda.Hayotdagi asl maqsadi bolajonlarni ona tilini o'rganish va hurmat qilish ruhida tarbiyalash.Hayotdagi shiori "Til bilmoq-el bilmoq"

AL-JOME "AS-SAHIH" ASARIDA ILM OLISH FAZILATI

Ilm o'rtalaringizdan ko'tarilib, zoe bo'lishidan oldin ilmni o'rganinglar

Ilm olish va o'rganish inson farzandi uchun farz amallardan biri bo'lib ,savodsizlik kishini to'g'ri yo'ldan adashtiradi. Inson to'g'ri yo'lni tanlashi va o'z insoniyligini anglab yetishi uchun,ham Olloh kalomi bo'lmish Qur'oni karimning ilk oyati va Payg'ambarimiz (s.a.v) aytgan hadislari bunga misol bo'la oladi: "Ilm olish har bir musulmon erkagu ayolga farzdir.".

Shu jihatdan Sharq allomalari ilm o'rganish uchun alohida e'tibor qaratib,bu boradagi aytilgan fikrlari bugungi kungacha o'z qadr va qimmatini yuqotmasdan kelmoqda.

Shunday asarlardan biri bo'lmish Sharq durdonalaridan biri Imom –al Buxoriyning "Al-Jome' as-Sahih" asaridir. Ushbu asar islom olamida Qur'on kitobidan keyin turadigan darajada tursada,

insoniyat tarbiyasida mavjud barcha

muammolarni o'z ichiga olgan dasarlardan biridir. Alloma Imom al Buxoriyning "Al-Jome' as-Sahih" asarida ilm olish fazilati haqida islom nuqtayi nazaridan e'tibor qaratib sahih hadislar asosida fikr yuritganlar.

"Al-Jome' as-Sahih"-ning "Ilm kitobi" 53 ta bob bo'lib, bu boblar ilm va unga bog'liq holatlarga oid 76ta hadisni o'z ichiga olgan. Biz "Al-Jomi' as-sahih" asarining "Ilm kitobi"dan ba'zi hadislarni e'tiboringizga havola qilib ,bugungi kundagi ilm olishda insonlarning befarqligi va yoshlarni turli oqimlarga kirib ketishga sabab bo'layotgani bugungi kun hayotining haqiqati.

Asarda keltirilgan har bir hadis sahih hadislardan bo'lib quida

Hazrat Umar roziyallohu anhudan rivoyat qilingan hadislardan birini keltiramiz. Ushbu hadisdan maqsad kishi ilmni yoshlikdan o'rganishidan iborat ekanligiga dalolatdir: "Boshliq bo'lmasingizdan avval ilmni chuqur o'rganing!".

Birgina shu hadis orqali ilmli kishi o'ziga tobe' bo'lganlarga munosabati,hayotdagi muomilasi ,hatto ki ibodat qilishga ham ilmning ibodatdan ustunligi qayd etilgan. Bu borada mashhur bo'lgan hadislar va maqollarni ko'p keltirishimiz mumkin ,ba misoli "Beshikdan qabrgacha ilm izla" ."Ilmli-kishi xor bo'lmas"

Shu o'rinda bugungi kunda yoshlarni adashtirayotgan muammolardan biri bo'lmish "Jihod" masalasiga ham "Al-Jome' as-Sahih"asari nigohida fikrimni bayon etmoqchiman.:Jihod so'zi bugungi kun yoshlarini ushbu so'z bilan adashtirib islom niqobi ostida o'zlarinnig g'araz maqsadlarini amalga tadbiq etayotgan qo'shtirnoq ichidagi dindorlar dinimizga,milliyligimizga isnod keltirayotganlarni ommaviy axborot va ijtimoiy tarmoqlar orqali deyarli har kuni eshitmoqdamiz. Agar yoshlarimiz bugungi kunda Sharq adabiyotiga nazar solar ekan uning asl maqsad va mohiyati insoniylik,mehr muruvat kabi fazilatlardan iborat ekanligiga yana bir bora guvoh bo'lamiz.

Ushbu kitobga keltirilgandek ota –onasi rizo bo'lmasa Jihd qilinmaydi, yo in ki payg'ambarimiz ta'kidlaganlaridek ota-onanga yaxshilik qil deb bejiz

aytilmaganlar.

Abdulloh ibn Amr rivoyat qiladilar:"Bir odam Nabiy (s.a,v,)"Jihod qilmoqchimen",-dedi.Janob Rasululloh ; "Ota-onang bormi?"-dedilar.U "Ha"deb javob aytdi.Janob Rasululloh :"Avval ota onangning xizmatini qilib rizoligini olgin,so'ng jihod qilasan"

Bu hadisning maqsadidan avvalo ota-onaga xizmat qilish ko'rsatilgan bo'lsada ,ammo bilib – bilmay bu yo'lda kirgan yoshlarmizning ongi zaharlanishidan ota-onasini gapiga kirmay o'z Vataniga ,ota-onasiga qarshi qurol ko'tarayotgan kishilarni ilmi yo'qligi asosiy sabablardan biridir.zero "Imon yalang'och bir narsa bo'lsa, uning libosi taqvo, ziynati hayo, mevasi esa ilmdir" keling yoshlarimiz ushbe mevadan bebahra qolmasalar...

YO'LDASHEVA NIGINA

Samarqand viloyati Oqdaryo tumani 23-umumiy o'rta talim maktabining 7-b sinf o'quvchisi. 2010-yil 11-iyunda Kallar qishlog'ida beznesmenlar oilasida tug'ilgan. Adabiyotga, sher yozishga va rasm chizishga qiziqadi. Hozirda kimyo fanidan va tasviriy san'at fanlari bilan shug'ullanadi. Kelajakda yetuk virach bòlish niyati bor.

MUNDARIJA

Sa'dullayeva Zuhra	... 3
Nusratilloyeva Farangiz	... 6
Ne'matjonova Nargiza	... 10
Muratxo'jayeva Xamidaxon	... 13
Turg'unova Odina	... 17
Komilov Odomboy	... 19
Mamarasulov Bahodir	... 22
Karimova Muhayyo	... 25
Otamurodova Gulchehra	... 29
Turaboyeva Shaxnozaxon	... 32
Usmanov Muzaffar	... 42
Qadamboyev Dilmurod	... 54

Kenjayeva Gulshoda ... 58

Aliboyeva Ayxan ... 66

Yangiboyeva Iroda ... 80

Yo'ldosheva Nigina ... 85

www.ingramcontent.com/pod-product-compliance
Lightning Source LLC
LaVergne TN
LVHW010559070526
838199LV00063BA/5016